MÉMOIRE, *(1)

CONCERNANT la Bibliotheque du ci-devant College Royal de Toulouse en particulier, & les Bibliotheques Nationales en général, présenté aux Administrations de Haute-Garonne & du District de cette Commune, les 5 Octobre 1790 & 26 Janvier 1791, envoyé par ces Administrations à l'Assemblée Constituante (2);

PAR le Citoyen CASTILHON, *Bibliothécaire du College National ; Secretaire perpétuel des deux ci-devant Académies des Jeux Floraux & des Sciences de Toulouse.*

CHARGÉ depuis 1782 de la Bibliotheque publique du ci-devant College Royal, témoin des avantages que mes Compatriotes en retirent journellement, j'ai pensé que de semblables établissemens dans tous les chefs-lieu des Départemens, où il n'en existe point, entretenus aux frais de la Nation, protégés & surveillés par les Administrations, pourraient hâter les progrès des lumieres dans toute la France ; ainsi ce que je dirai des moyens faciles de compléter & de rendre plus

---

* Voyez les Notes à la fin, elles font une partie essentielle du texte.

utile, le riche dépôt qui m'est confié, pourra servir d'instruction pour la formation, l'entretien & la garde des Bibliotheques Nationales que je propose.

Dans le nombre des établissemens utiles que la ville de Toulouse doit à son ci-devant Archevêque, Brienne, la Bibliotheque du College National, rendue publique par ses soins, en 1786, n'a pas été le moins avantageux; & certainement ce sera celui qui se soutiendra le plus long-tems, s'il est administré comme il mérite de l'être.

Lorsqu'elle fut formée, il y avoit à Toulouse trois Bibliotheques publiques. Celles des Cordeliers & des Doctrinaires, peu considérables l'une & l'autre, négligées à cause de la modicité des fonds assignés pour leur entretien; & la Bibliotheque du ci-devant Clergé, qui avait été rendue publique depuis peu d'années, par les soins du même Prélat. Celle-ci offre une nombreuse collection de Livres propres aux études Ecclésiastiques, quantité d'Ouvrages relatifs à l'Histoire & aux Sciences, & par assortiment, les principaux articles de Littérature ancienne & moderne.

La Bibliotheque du College National formée de celle de feu M. Pompignan, du Cabinet de M. Garipuy, Directeur Général des travaux de la ci-devant Province de Languedoc, & des débris de celle des ci-devant Jésuites, est la plus complette de toutes pour l'Histoire, les Belles-Lettres, les Sciences, & par assortiment, la Théologie & la Jurisprudence. Elle est la plus précieuse par le choix des Ouvrages anciens & modernes, par la beauté & la rareté des éditions, par quantité d'articles Anglais, Italiens, Espagnols & par un assez grand nombre de Manuscrits en divers genres. On y trouve des Livres qui des meilleurs Cabinets, & entr'autres, de ceux de Racine pere

& fils, (3) de MM. de Bose, Secousse, &c. avaient passé dans celui de Pompignan. On peut assurer qu'il y a peu de Bibliotheques, dans la Capitale même, fréquentées par un aussi grand nombre de Lecteurs (4).

Cette Bibliotheque exige donc une attention & des soins plus suivis, qu'une collection qui serait plus nombreuse; mais dont les Livres seraient moins précieux. Elle rend indispensable l'acquisition des meilleurs Ouvrages qui s'impriment dans la Capitale, & sur-tout celle des Volumes qui font suite aux grandes Collections, telles que les Académies, les Voyages, les grands corps d'Histoire, &c.

Les deux Classes les plus complettes sont l'Histoire & les Belles-Lettres: ce sont celles qui offrent un plus grand nombre de belles éditions. M. Pompignan avait eu la plus grande attention à former une collection choisie de Poëtes Grecs, Latins, Français, Anglais, Italiens & Espagnols. On desirerait qu'il y eût eu de fonds attachés à l'entretien de la Bibliotheque, qui eussent permis de continuer cette acquisition interrompue depuis la mort de ce savant Littérateur.

Après ces deux Classes, les moins incomplettes sont celles de la Théologie positive & des Mathématiques. La premiere est formée de tout ce qui a pu être conservé de la Bibliotheque des ci-devant Jésuites, & des meilleurs articles dans ce genre de celle de Pompignan; elle comprend toutes les Polyglotes, à l'exception de celle de Ximenès, qui appartient aux ci-devant Cordeliers; une riche collection de Bibles dans presque toutes les Langues, quelques bonnes Concordances, les collections des Conciles; un choix de Livres de Liturgie, les meilleures éditions des Saints Peres. Quant aux autres parties de cette Faculté, on s'est borné à quelques Traités de Théologie morale, aux principaux Ouvrages polémiques, concernant la Religion ; aux meilleurs Sermonaires , &c. On n'a gardé que très-peu de chose de la Théologie scholastique.

Le Cabinet de Garipuy acquis par le College, contenait plusieurs Ouvrages d'Algebre, de Géométrie & d'Astronomie, quelques bons Livres concernant la Physique & les Arts, très-peu d'Histoire Naturelle, de Botanique & de Minéralogie. Les bons articles qu'offrent ces Facultés, sont en petit nombre : la Médecine ancienne est moins incomplete. Quant à la Chymie, il paraît singulier que la Province ayant établi à grands fraix une Ecole & un Laboratoire de Chymie, dans le College, on ne trouve dans sa Bibliotheque que fort peu d'Ouvrages sur cette Science ; encore a-t-il fallu que le Bibliothécaire, pour satisfaire aux demandes des Lecteurs, ait fait les avances des Volumes concernant les nouvelles découvertes.

La Classe de la Jurisprudence se borne aux textes des Loix Canoniques & Civiles, aux meilleurs Ouvrages de Droit naturel & de Droit public, aux grands Corps des Lois Romaines, des Ordonnances du Louvre. Quoique la Jurisprudence n'entre dans cette Bibliotheque que par assortiment, il y aurait encore des articles à acquérir.

En général, dans toutes les parties il y a plus ou moins à compléter, des Livres à réparer, plusieurs à relier ; mais ces opérations exigent des fonds considérables.

L'Administration du ci-devant College, par sa Délibération du mois de Septembre 1782, ordonna une somme de 1200 liv. pour être employée tous les ans à l'acquisition des Livres nouveaux ; mais cette somme n'a jamais été payée.

Il serait du moins aisé de compléter les parties

faibles de cet établissement, au moyen des Bibliotheques des Maisons Religieuses supprimées. Ce qui diminuerait d'autant les sommes qu'exigera l'acquisition des articles qui manquent (5).

Il serait à desirer que le Gouvernement choisît des Gens de Lettres, d'une probité reconnue, qui, sous leur responsabilité, se rendraient dépositaires de ces Collections. Qui ne sait combien il est aisé de ruiner la Bibliotheque la plus précieuse, sous l'œil même le plus perçant & le plus attentif, soit en substituant les éditions les plus communes, à des éditions souvent inappréciables par leur rareté (6); soit en cachant le larcin par l'enlevement des relieures, qu'une main exercée fait servir à recouvrir des bouquins de même format (7); soit en dépouillant les Livres imprimés, des Gravures les plus belles, & les anciens Manuscrits des Miniatures qui souvent en font tout le prix (8); soit de mille autres manieres dont toutes les grandes Bibliotheques n'offrent que trop d'exemples? Celle des Jésuites de Toulouse, formée de vingt-cinq à trente mille Volumes, fut presqu'entierement dévastée, après leur expulsion ; tout ce qu'il y avait de précieux fut enlevé : à mon retour de la Capitale, j'eus beau demander des Manuscrits Indiens, des rouleaux sur des feuilles de Papyrus, de soie, coton, écorces & mille autres curiosités que j'y avais vues dans ma jeunesse, une suite nombreuse d'Ouvrages sur les Sciences, & notamment sur les trois Regnes de l'Histoire Naturelle, enluminée: tout avait été réduit à quelques Ouvrages de Littérature ancienne, à quantité de Livres Ascétiques & de Théologie; à quelques éditions surannées des Saints Peres, &c. De sorte que ce qui a pu être conservé de ces restes, & qui se trouve dans la Bibliotheque du Collège National, ne va pas à quinze cens Volumes.

On voit combien il feroit essentiel d'avoir dès-à-présent des Catalogues exacts des Bibliotheques des Maisons Religieuses supprimées, afin qu'à la diligence du Département ou du District, on pût compléter le plutôt qu'il serait possible les deux Bibliotheques publiques du ci-devant Clergé & du College National. Ce serait peut-être le seul moyen de prévenir toute espece d'infidélité.

Tout ce qu'on vient de dire au sujet du complétement des deux Bibliotheques publiques de Toulouse, peut s'appliquer au complétement des Bibliotheques publiques établies dans les principales Villes de la France, par les mêmes moyens.

Après que les Bibliotheques publiques actuellement existantes se seraient complétées, ce qui resterait de Livres dans celles des Communautés Religieuses (9), suffirait pour la formation des Bibliotheques des chefs-lieu des Départemens, qui n'en ont point. La plus grande difficulté peut-être serait de trouver un assez grand nombre de personnes instruites, auxquelles on pût confier ces dépôts & leur entretien.

Cet emploi délicat & pénible de Bibliothécaire ne convient pas à toute sorte de Gens de Lettres. S'il ne s'agissait que de donner les Livres aux Lecteurs, à mesure qu'ils se présentent, il n'est point de Libraire, qui, après quelques années d'exercice de sa profession, ne fût propre à cette distribution routiniere; » mais il y a, disent les » Auteurs de l'Encyclopédie, peu de fonctions » littéraires qui demandent autant de talens que la » place de Bibliothécaire. » En effet s'il n'a pas un grand fond de littérature, comment pourra-t-il indiquer à ceux qui le consultent, les Auteurs qui peuvent les éclairer sur telles ou telles matieres? Dans cette immense quantité de Livres imprimés & qui s'impriment journellement, qu'est-ce qui dirigera son choix ? Comment évitera-t-il les pieges de certains Lecteurs, s'il ne sait pas que les Auteurs des Livres qu'ils lui demandent, ont affecté de cacher les opinions les plus dangereuses & la morale la plus perverse, sous des titres honnêtes & insidieux ?

Outre ces connoissances, celle de la Bibliographie, qui ne s'acquiert que par un long usage, est indispensable au dépositaire d'une grande Bibliotheque. Sans elle de quelles ruses & de quelles erreurs ne sera-t-il pas le jouet ? C'est souvent la rareté d'une édition, c'est souvent la beauté qui en fait le prix ; saura-t-il dans quel cas il doit préférer l'une à l'autre, dans quels Livres ces deux qualités doivent se trouver réunies ? Sans ces notions & tant d'autres dont le détail serait trop long, un Bibliothécaire exposera ses Commettans à mille dépenses superflues ; il formera une collection nombreuse, mais mal choisie ; une grande, mais non une belle Bibliotheque. Il se trouvera lui même dans un embarras continuel, par le désordre & la confusion qui y regneront.

Ce n'est pas assez que le dépositaire d'une Bibliotheque publique réunisse les talens & le savoir. Dans la plupart des Places, avec de la probité, l'homme attaché à ses devoirs, les remplit sans s'exposer au moindre reproche ; il suffit qu'il soit pénétré de l'amour de la justice ; mais un Bibliothécaire doit nécessairement aimer ses fonctions pour s'en acquitter dignement. Eût-il la probité la plus sévere, s'il fait son devoir sans y trouver d'autre plaisir que celui de le remplir avec exactitude, il ne s'y livrera jamais avec le même amour qu'un Homme de Lettres, qui, ayant passé la plus grande partie de sa vie parmi les Livres, en a la passion : il n'est ni possible ni nécessaire qu'il les connaisse tous ; mais il est essentiel qu'il ait l'ambition de les connaître, & si le tems & les Langues dans lesquelles les principaux sont écrits, ne lui permettent pas de les lire, qu'il sache du moins quels sont les Critiques qui les ont analysés, les traductions les plus fideles & les Bibliographes qui ont le mieux su les apprécier. Le desir de s'instruire sera le plus doux de ses plaisirs ; parce que dans la culture des Lettres & des Arts, le travail est une jouissance plus douce peut-être, que le succès même.

Comme il n'y a pas pour l'Homme de Lettres de retraite plus agréable qu'une riche Bibliotheque, il n'y en a pas dont il soit plus jaloux ; loin de craindre qu'un tel homme en détourne des Livres à son profit, si quelque article rare tombe entre ses mains, il en enrichira le dépôt qui lui est confié.

La Bibliotheque du College National, si l'on peut y attacher des fonds d'entretien ; si elle n'est jamais dirigée que par un véritable Homme de Lettres, qui trouvant sa propre satisfaction dans les avantages que le public peut en retirer, sache les multiplier, sera pour nos compatriotes une école de mœurs & une source de lumieres & d'urbanité.

Mais les lumieres ne remplacent pas la probité : sans cette qualité l'esprit & le savoir ne servent le plus souvent qu'à nous égarer. Je n'entrerai pas dans le détail des abus qu'un Bibliothécaire peut faire de sa place. La vigilance est un de ses principaux devoirs. Toute négligence de sa part serait une infidélité envers ses Commettans. Il peut être trompé sans doute ; mais il ne doit jamais l'être par sa faute : quelle attention ne doit-il pas porter à déconcerter les ruses d'une mauvaise foi d'autant plus dangereuse qu'elle regarde le larcin de Livres, comme ces vols des enfans de Lacédemone, qui n'étaient punis & n'exposaient le Larron à la honte que lorsque sa mal-adresse l'avait décelé ?

Une Bibliotheque renferme toute espece de Livres. Il y en a de dangereux ; faut-il les rejetter ? Non ; car ils ne le sont pas pour toute sorte de Lecteurs, & souvent ils sont nécessaires à l'homme de bien pour en détruire les funestes effets. C'est au Bibliothécaire à distinguer ceux des Lecteurs auxquels il peut les confier sans danger. Il doit éviter avec le même soin, la complaisance & la sévérité.

Dans une Bibliotheque publique, il faut multiplier les secours autant qu'il est possible. Dans nos contrées méridionales, les jeunes gens nés avec des talens, manquent de ce goût qui ne se perfectionne que dans la Capitale : mais je ne crois pas qu'il soit impossible de l'acquérir dans nos Villes, par la lecture assidue des bons Écrivains & par la fréquentation des Spectacles. Je voudrais que les Artistes pussent y trouver les mêmes ressources en Livres, Gravures, Tableaux. Toulouse a depuis long-tems une Académie de Peinture, Sculpture & Architecture. Il en est sorti de grands Artistes. Ne pourrait-on pas, en faveur des Éleves, former un *Museum*, ou rassemblement des meilleurs Tableaux des Eglises & Maisons Religieuses supprimées (10) ?

Dans ce *Museum*, les Tableaux restaurés & gardés avec soin, seraient à couvert des dilapidations. Les Professeurs n'ayant qu'à choisir, parmi tant de monumens, mettraient les Éleves à portée de faire l'application des principes à la pratique de l'Art, & de juger par comparaison, moyen le plus sûr de former le goût, &c.

J'insisterais sur-tout pour l'établissement des Bibliotheques publiques dans les chefs-lieu des Départemens, parce que ce n'est pas aux personnes seules qui se destinent aux Lettres, aux Sciences

& aux Arts, qu'il importe d'être instruites; mais à tous les Citoyens, appellés par le droit naturel & par la nouvelle Constitution, à toutes les places & à tous les emplois de quelque importance qu'ils soient, & auxquels leur mérite personnel leur permet d'aspirer. Il ne fut jamais aussi indispensable de répandre l'instruction, que dans un tems où le Peuple a la liberté de se choisir ses Représentans, ses Magistrats, ses Administrateurs, ses Juges & ses Défenseurs, ceux qui doivent veiller à sa sûreté, au rétablissement des mœurs & au maintien des Lois. Si le Peuple reste sans éducation, s'il n'est dirigé que par ses préjugés, comment saura-t-il fixer son choix sur les Citoyens les plus dignes & les plus capables, se débarrasser des intrigues des ambitieux; distinguer les qualités réelles des qualités apparentes; le vrai patriotisme, de l'intérêt personnel qui se couvre de son masque hypocrite?

Je sais bien que les dernieres classes du Peuple n'iront point chercher l'instruction dans les Bibliotheques publiques; mais le soleil n'éclaire les vallons & les plaines qu'après que ses rayons ont frappé le sommet des montagnes. Faites ensorte que les classes aisées soient instruites & leurs lumieres se transmettront à toute la Société.

NOTES.

(1) J'ai été souvent pressé de faire imprimer ce Mémoire. On voulait que je l'opposasse aux intrigues & aux persécutions que j'ai essuyées de la part de trois ou quatre personnes, qui pour m'enlever la modique place de Bibliothécaire, sauf à se disputer ensuite entr'eux cette proie, m'ont exposé aux dangers les plus imminens. Dès que le péril cessa, je me contentai d'en mépriser les auteurs. L'exécution du projet des Bibliotheques Nationales & du *Muſeum*, que j'y proposais, soit que j'en eus donné la premiere idée, soit que d'autres l'eussent eue en même-tems; la certitude que l'Assemblée Constituante s'est occupée un moment de ce Mémoire, & sur-tout les prétentions de quelques intrigans, qui sans aucunes connaissances Bibliographiques, sans littérature, s'agitent déjà & tourmentent ce qu'ils appellent leurs Protecteurs, pour obtenir des places de Bibliothécaire, sont les seuls motifs qui m'ont déterminé à le publier à mes frais, dans l'espérance de conserver au mérite modeste, les places que l'incapacité audacieuse cherche à lui ravir.

(2) Lettre de M. *Mirabeau* l'ainé, Président de l'Assemblée Nationale, au Président du District de Toulouse, du 14 Février 1791.

»Le Comité de Constitution auquel j'ai fait remettre la Lettre
»que vous m'avez écrite, le Mémoire du Bibliothécaire du College
»de Toulouse, & votre Délibération au sujet de cet Ouvrage,
»examinera les raisons qui militent en faveur de la demande énoncée
»dans ces pieces & en rendra compte à l'Assemblée Nationale.
»Je suis, Monsieur, &c.

Signé MIRABEAU l'ainé, Président.

(3) Dans l'exemplaire de l'ESCHYLE *de Stanley*, *in-fol.* Londres, & dans l'Euripide & le Sophocle de l'édition de Paul Etienne, trois vol. *in-4°*, qui ont appartenu à Racine pere, on trouve plusieurs notes marginales de la main de ce célebre Poëte, dans les Choephores, les Phéniciennes. On en retrouve encore quantité dans un Anacréon qui vient de son Cabinet. Ces Livres sont des monumens précieux, qu'un Bibliothécaire ne doit jamais perdre de vue.

(4) Avant la Révolution il y avait de quatre-vingt à quatre-vingt-dix Lecteurs: le nombre en est diminué; mais dans les saisons même les plus rigoureuses, elle n'a jamais été déserte. Les séances sont encore de vingt-cinq à trente; les Officiers Espagnols, prisonniers de guerre à Toulouse, y viennent très-assidument.

5) On ne peut pas se dissimuler que ces Collections n'aient été indignement spoliées. La premiere cause de ces dilapidations est la permission qu'on donna aux Religieux de disposer des Livres qu'ils avaient dans leurs chambres. Comme on ne fit aucun inventaire de ces articles, ni aucun Catalogue de ceux qui restaient dans les Bibliotheques; les Scellés trop tardifs qui y furent apposés, sans avoir pris ces précautions, laisserent le champ ouvert aux dilapidateurs On connaît une Bibliotheque, que des Religieux avaient laissée intacte, & dans laquelle, lorsque le Commissaire la fait

transporter dans l'un des dépôts des Bibliotheques Nationales, n'a trouvé que quelques Bouquins.

(6) Telles, par exemple, que l'édition de Bocace 1527, *in*. 8°. de grandeur *in*-4°. qui se vend de 6 à 700 liv., & dont la contrefaction faite à Venise, portant la même date, plus belle peut-être aux yeux d'un ignorant, est d'un prix très modique. Le Térence d'Elzevir, *in*-12, petit papier, 1635, coûte jusqu'à 48 liv. Une édition presque semblable, ayant la même date, le même frontispice, la même vignette & presque les mêmes caracteres, ne vaut que trente-six sols : la premiere édition de l'Horace gravé de *Pinne*, est d'un grand prix : une seconde édition qui ne paraît absolument pas différente de la premiere, est d'un prix médiocre. On reconnaît la premiere à la vignette de l'Ode à Saluste. Le nom de cet Ecrivain gravé au tour de sa médaille est écrit ainsi : *Salusti us*; au lieu que cet intervalle entre la troisieme & quatrieme syllabe, a disparu dans les gravures retouchées, &c.

(7) C'est un genre de vol exercé à Toulouse par un Moine, sur la Bibliotheque qui lui était confiée. Ce vol ne fut découvert que tard.

(8) Comme chef de la Commission des Bibliotheques Nationales, j'ai sous les yeux plusieurs exemples de ce genre d'infidélité.

(9) Lorsque ce Mémoire fut composé on ne présumait pas que les émigrations donneraient lieu à la confiscation des Bibliotheques des Emigrés. Il me semble que le projet d'établir une Bibliotheque publique dans chaque chef-lieu de District, est sujet à bien des inconvéniens ; la plupart de ces chefs-lieu sont des Villages, où à peine trouve-t-on quatre personnes qui sachent lire & écrire ; quel soin peut-on attendre de ces Villageois, pour la conservation des Livres, pour l'arrangement & l'entretien des Bibliotheques, &c ? Ils n'ont besoin que des Livres élémentaires, qu'on se propose de mettre entre les mains des Professeurs des Ecoles primaires, chargés de les expliquer à leurs Eleves, qui seront toujours assez à portée des Bibliotheques des Départemens.

(10) La politique de Richelieu qui fixa les Grands à la Cour, devait nécessairement produire un excès de population, de richesses, de corruption & de luxe dans la Capitale, aux dépens du reste du Royaume. Les talens sur-tout ne trouvant plus dans la Province qu'une gloire stérile, se rapprocherent des Grands & des riches. Les Gens de Lettres qui eurent le courage de ne pas quitter leurs foyers, s'y formerent par le seul secours des Livres, & il est évident que cette ressource suffit au génie. Les dernieres Assemblées de Notables, composées de Provinciaux, ont manifesté dans la plupart, un mérite auquel la dédaigneuse Capitale ne s'attendait pas. Les opinions sur les grands intérêts qui occupent l'Assemblée Nationale, y sont discutées avec une éloquence que Demosthene eut applaudie.

Mais la ressource des Livres ne suffit pas aux Artistes. Il leur faut de grands Modeles, des Temples, des Palais, des Statues, des Tableaux & principalement des Maîtres qui réunissent le génie & le goût. Les Artistes de Province, & sur-tout ceux du Département de la Haute-Garonne, naissent pour la plupart avec le génie de leur Art. Heureux s'ils avaient une faible partie des ressources qui abondent dans la Capitale ! Quelques-uns y vont pour s'y perfectionner ; mais le desir de s'y distinguer, l'attrait des récompenses, l'espoir d'une fortune & mille autres raisons les y retiennent pour toujours. Si le Gouvernement avait voulu répandre le goût des Arts dans toute la France, ne pas concentrer les talens & ne pas entasser leurs monumens dans une seule Ville, il en eut aisément trouvé les moyens. Ne pouvait-on pas, par exemple, obliger les Artistes, désignés pour remplir les places de l'Académie de Peinture, Sculpture & Architecture de Paris, d'aller, avant leur réception, professer pendant une ou deux années dans une Académie de Province & y travailler sous les yeux des Eleves? Il y a quelque-tems que le goût général pour les Tableaux de genre, faisait abandonner l'histoire ; la Sculpture manquait d'encouragement ; un Ami des Arts imagina, pour relever ces grands genres, de faire faire pour le Gouvernement, des Tableaux d'Histoire & les Statues de nos Grands Hommes. Ces Peintres, ces Sculpteurs ne pourraient-ils pas travailler aussi-bien à ces grandes compositions ailleurs qu'à Paris? Est-ce que les Ports de Mer de Vernet sont moins parfaits pour avoir été peints sur les lieux? Les Tableaux, les Statues, les plus beaux monumens des Arts, amoncelés dans les Magasins de Versailles & dans le Garde-Meuble de la Couronne, ne seraient-ils pas aussi-bien conservés dans nos Villes, dont ils feroient l'ornement & où ils serviraient à perfectionner le goût des Artistes? Leur rareté y ajouterait un nouveau prix. On ose assurer que le beau Platfond du Sallon d'Hercule, peint par Lemoine, n'eut pas essuyé dans une des Salles de l'Hôtel de Ville de Lyon, de Bordeaux ou de Toulouse, les outrages qu'il a soufferts à Versailles. * D'ailleurs de quel droit la Capitale retient-elle les chefs-d'œuvre des Arts qui sont payés avec l'or des Provinces, & se sert-elle en quelque maniere de nos richesses, comme d'un nouveau moyen de nous priver du fruit de nos talens?

---

* Lorsque j'écrivais ceci, j'étais bien loin de prévoir qu'il se formait au sein de cette France, si douce & si polie, une horde de Wandales, qui ferait la guerre aux Savans & aux Artistes, & qui saccagerait les plus belles productions du génie. O ! Grégoire, puissent tes regrets & ton éloquence arrêter pour toujours leurs mains sacrileges.

Extrait des Regiſtres du Conſeil du Diſtrict de Touloufe.

Du 5 Octobre 1790.

Ouï le Procureur du Roi.

Demeurant le rapport fait par M. le Préſident, du réſumé du Mémoire préſenté par M. Caſtilhon, concernant la Bibliotheque du College *Royal* ; le Conſeil a délibéré :

1°. Que dans tous les tems le Conſeil aura les yeux ouverts ſur la conſervation de cette Bibliotheque ; & à cet égard ſa ſurveillance ne lui donnera preſqu'aucun ſoin, tant que M. Caſtilhon demeurera Bibliothécaire.

2°. Les Biens des Colleges étant exceptés des Décrets de l'Aſſemblée Nationale, la Bibliotheque, qui fait partie de ceux du College, doit être régie encore par ſes Adminiſtrateurs ordinaires, s'il n'en eſt autrement ordonné par les Décrets : le Conſeil prendra autant qu'il eſt en lui en conſidération, la demande qu'il ſoit fait un fond public pour l'entretien de la Bibliotheque, outre l'honoraire du Bibliothécaire & du Sous-Bibliothécaire.

3°. Les Bibliotheques des Maiſons ſupprimées ou non ſupprimées, étant à la diſpoſition de la Nation, les Adminiſtrateurs du Diſtrict, lorſqu'ils donneront leur avis, prendront auſſi en conſidération, la demande que ces Bibliotheques ſoient employées à compléter celle du College.

4°. Le Conſeil ſuivra le même principe pour la formation de ſemblables établiſſemens dans tous le chefs-lieu de Départemens, & pour la Collection de tous les Tableaux, Statues, Bas-Reliefs & autres Monumens des Arts qui pourront être extraits des Maiſons Religieuſes. Collationné, TREBOS, Secrétaire-Greffier.

Extrait des Regiſtres des Délibérations du Directoire du Département de la Haute-Garonne.

Du 26 Janvier 1791.

Vu le Mémoire préſenté par le Sieur Caſtilhon, Bibliothécaire du College Royal de cette Ville, concernant la Bibliotheque publique de ce College, ainſi que le projet d'établiſſement de Bibliotheques Nationales dans les pricipales Villes du Royaume.

Vu auſſi l'avis du Diſtrict de Touloufe.

Oui M. le Procureur-Général-Syndic :

Le Directoire du Département de la Haute-Garonne s'empreſſe

de donner à la démarche du Sieur Castilhon les éloges qu'elle mérite. Il voit avec la plus grande satisfaction, que toujours semblable à lui-même, ce Littérateur profond & bon Citoyen, aussi recommandable par les qualités de l'esprit & du cœur, que par ses vertus civiques, est sans cesse occupé des moyens de propager les Sciences & les Arts qu'il cultive depuis si long-tems & avec tant de succès.

Pénétré des mêmes principes, animé du même esprit que lui, le Directoire a arrêté conformément à l'avis du District :

1°. Que la conservation de la Bibliotheque du College Royal, fixera sans cesse son attention, & qu'il ne perdra jamais de vue les grands avantages qu'elle procure à la Jeunesse, à quelqu'état qu'elle se destine.

2°. Que les Décrets qui ordonnent la vente des Biens Nationaux en ayant excepté les Biens des Colleges, la Bibliotheque qui fait partie de ceux dudit College, doit être régie aujourd'hui, comme ci-devant, par ses Administrateurs ordinaires; que cependant le Directoire ne s'empressera pas moins de demander de son chef, à l'Assemblée Nationale, qu'il soit fait un fond public pour l'entretien de la Bibliotheque dudit College, outre l'honoraire du Bibliothécaire & Sous Bibliothécaire.

3°. Que les Bibliotheques des Maisons Religieuses supprimées étant, ainsi que le surplus de leurs Biens, à la disposition de la Nation, le Directoire a pris aussi en grande considération la demande que ces Bibliotheques soient employées à compléter celle du College Royal, & qu'il présentera incessamment cette demande à l'Assemblée Nationale, en l'appuyant des motifs qui lui paraissent devoir en assurer le succès.

4°. Le Directoire, toujours d'après le principe qui le dirige, secondera avec le même empressement le vœu pour la formation de l'établissement des Bibliotheques publiques dans tous les chefs-lieu des Départemens, & pour la Collection de tous les Tableaux, Statues, Bas-Reliefs & autres Monumens des Arts qui pourront être extraits des Maisons Religieuses & de leurs Eglises.

Collationné RICARD, Secrétaire-Greffier. *Signé*.